**8**

**Das Andere**

**Das Andere**

Abbas Kiarostami
*Nuvens de algodão*

© Editora Âyiné, 3ª ed., 2023
Todos os direitos reservados

Organização e tradução: Pedro Fonseca
Revisão: Ana Martini
Imagem de capa: Julia Geiser
Projeto gráfico: Daniella Domingues, Luísa Rabello

ISBN 978-65-5998-009-3

Direção editorial: Pedro Fonseca
Coordenação editorial: Luísa Rabello, Sofia Mariutti
Assessoria de imprensa: Clara Dias
Assistência de design: Rita Davis
Conselho editorial: Simone Cristoforetti,
Zuane Fabbris, Lucas Mendes

Editora Âyiné
Praça Carlos Chagas, 49, 2º andar
Belo Horizonte 30170-140
+55 31 3291-4164
www.ayine.com.br
info@ayine.com.br

Abbas Kiarostami

# NUVENS
# DE ALGODÃO

ORGANIZAÇÃO E TRADUÇÃO
Pedro Fonseca

7   Nota introdutória
9   Nuvens de algodão

## Nota introdutória
Pedro Fonseca

É com uma mistura de sentimentos que apresento esta antologia de haikus de Abbas Kiarostami. Uma espécie de melancolia e contentamento. As traduções foram realizadas no já distante ano de 2010, com a ingenuidade e ansiedade de um jovem que tinha a ambição de traduzir o cânone poético persa para o português. Mas, como se sabe, os gafanhotos do tempo são inescapáveis. E daquele ímpeto ao momento presente sobraram somente algumas traduções esparsas, esboços, rascunhos. Oxalá a publicação desta antologia traga novamente a leveza e o desprendimento necessários para que as traduções esparsas, esboços e rascunhos se tornem, eles também, por sua vez, novos livros. E que os leitores possam, eles também, descobrir um pouco desse país que salvou a vida daquele jovem estudante. E se este livro existe e se futuras traduções existirão é graças à generosidade do meu professor, mestre e amigo Simone Cristoforetti.

*Veneza/Berna, primavera de 2018*

Nuvens de algodão

شب
دریا
زمستان.

A noite
o mar
o inverno.

تابش اولین مهتاب پاییزی
بر روی پنجره
شیشه‌ها را لرزاند.

O clarão da primeira lua outonal
na janela
estremece os vidros.

در غیاب تو
گفتگو دارم
با تو،
در حضورت
گفتگو با خویش.

Na tua ausência
converso
contigo,
na tua presença
converso comigo.

از بودن با تو
در رنجم،
از بودن با خود
در هراس،

کجاست بیخودی؟

Se estou contigo
sofro,
se estou comigo
temo

por onde vai a ausência do ser?

از شدت عشق
بیزارم.

Pela fúria do amor
eu me enfado.

مردد
ایستاده‌ام بر سر دو راهی،
تنها راهی که می‌شناسم
راه بازگشت است.

Hesitante
estou numa encruzilhada,
o único caminho que conheço
é o caminho de volta.

گم کردم
چیزی که یافته بودم،
چیزی یافتم گم شده.

Perdi
algo que havia encontrado
encontrei algo que havia sido perdido.

از دست غیب
آبی نوشیدم
به چندان گوارا.

Das mãos da ventura
bebi água
pouco agradável.

درخت به
شکوفه کرده است
در خانه‌ای متروک.

A árvore de marmelo
floresceu
numa casa abandonada.

در روشنایی روز
کسی به جا نمی‌آورد
کرم شب تاب را.

Na claridade do dia
ninguém distingue
o vaga-lume.

گرگی
در کمین.

Um lobo
à espreita.

صد چشمه خشکیده
صد گوسپند تشنه
چوپانی سالخورده.

Cem fontes secas
cem ovelhas sedentas
um velho pastor.

بوی گردو
عطر یاس
بوی باران بر خاک.

O aroma das nozes
a fragrância do jasmim
o aroma da chuva sobre a terra.

صدها
ماهی کوچک و بزرگ
غوطه می‌خورند
در سراب گرم بیابان.

Centenas
de peixes pequenos e grandes
mergulham
na ardente miragem do deserto.

یک مگس
به قتل رسید
به جرم خوردن حلوا.

A mosca
foi morta
culpada de haver provado o açúcar.

باران
می‌بارد سه روز
بی وقفه،
آفتاب
در باورم نمی‌گنجد.

Chove
há três dias
sem parar,
o sol
não tem lugar no meu pensamento.

آسمان می‌شکند
در آینه شکسته.

O céu fragmenta-se
num espelho quebrado.

در چشم پرنده ها
غرب
مغرب است و
شرق
مشرق،
همین.

Aos olhos dos pássaros
o ocidente
é onde o sol se põe
e o oriente
onde o sol nasce,
apenas isso.

نوشته:
«لطفا دست نزنید»،
سر انگشتم گز گز می‌کند.

Escreveram:
«Favor não mexer»
meus dedos coçam.

به زهره می‌نگرم
به راه شیری،
ستایش می‌کنم
چشمی را که می‌تواند
ببیند
این همه...

Olho para Vênus
e a Via Láctea,
admiro
o olho que pode
ver
tudo isso...

صورتم را در آب چشمه
فرو می‌برم
با چشمانی باز

ده ریگ کوچک.

Mergulho
meu rosto na água da fonte
de olhos abertos

dez pedrinhas.

آسمان
مال من است،
زمین
مال من،
من چه ثروتمندم!

O céu
é meu,
a terra
é minha,
como sou rico!

گوش می‌سپارم
به زمزمه باد
به غرش رعد
به موسیقی امواج.

Aproximo meu ouvido
do sussurro do vento
do estrondo do trovão
da melodia das ondas.

از صدای وزغ ها
اندازه می‌گیرم
عمق مرداب را.

Pelo coaxar das rãs
meço
a profundidade da lagoa.

دراز می‌کشم
بر زمین سخت،
ابرهای پنبه ای.

Deito-me
sobre a terra dura,
nuvens de algodão.

قرص ماه
در آب،
آب
در کاسه،
تشنه در خواب.

O disco da lua
na água,
a água
na taça,
um homem sedento adormecido.

در سکوت شب
بی‌خوابی می‌کند
لالایی موریانه.

No silêncio da noite
não me deixa dormir
a nênia dos cupins.

ماه نو
شرابی کهنه
دوستی تازه.

A lua nova
um vinho velho
um novo amigo.

انتهای بهار
اولین گل سرخ
عوالم بلوغ.

O fim da primavera
a primeiras rosa
o universo da puberdade.

نصف من
مال تو،
نصف من
مال من.

Pela metade
sou teu,
pela metade
sou meu.

کره اسبی سفید،
از مه می‌آید
و ناپدید می‌شود
در مه.

Um potro branco
vem da névoa
e se esvai
na névoa.

جا پای عابری در برف
از پی چه کاری رفته؟
بر می‌گردد؟
از همین راه؟

Vestígios de um caminhante sobre a neve
Por que passou por aqui?
Regressará?
Por este mesmo caminho?

برف ها
به سرعت آب می‌شوند
و به زودی پاک می‌شود
جا پای عابران
از کوچک و بزرگ.

A neve
derrete-se rapidamente
e rapidamente desaparecem
as pegadas dos caminhantes
pequenas e grandes.

سپیدی کبوتر
گم می‌شود در ابرهای سپید،
روز برفی.

A brancura da pomba
perde-se nas nuvens brancas
em um dia de neve.

صد سرباز گوش به فرمان
به خوابگاهَ می‌روند
در آغاز شبی مهتابی

رویاهای نافرمان.

Cem soldados diligentes
vão à camerata
em uma noite de luar

sonhos rebeldes.

زن سپید موی
به شکوفه‌های گیلاس می‌نگرد:
آیا بهار پیری‌ام فرا رسیده است؟

Uma mulher de cabelos brancos
observa as flores da cerejeira:
Haveria chegado a primavera da minha velhice?

جوجه‌های یک روزه
تجربه کردند
نخستین باران بهاری را.

Os pintinhos de um dia
experimentaram
a primeira chuva de primavera.

راهبه ای پیر
صبحانه می‌خورد به تنهایی،
صدای کتریِ جوشان.

Uma velha monja
toma o café da manhã sozinha
barulho de chaleira fervendo.

می‌پرد و می‌نشیند
می‌نشیند و می‌پرد
ملخ
به سمتی که فقط خود می‌داند.

Salta e pousa
pousa e salta
o gafanhoto
em uma direção que só ele sabe.

زنبور عسل
مردد می‌ماند
در میان هزاران شکوفه ی گیلاس.

A abelha
permanece indecisa
entre milhares de flores de cereja.

چه خوب شد که نمی‌بیند
سنگ پشت پیر
پرواز سبکبار پرنده‌ی کوچک را.

Ainda bem que não vê
a velha tartaruga
o voo plácido do passarinho.

جونه زد
شکفت
پژمرد
فرو ریخت
حتا یک کس آن را ندید.

Brotou
floresceu
murchou
caiu
nem sequer uma pessoa a viu.

عنکبوت
دست از کار می‌کشد
لحظه ای
به تماشای طلوع خورشید.

A aranha
deixa os seus afazeres
por um instante
ante o espetáculo do alvorecer.

چگونه می‌تواند زیست
سنگ پشت پیر
سیصد سال
بی خبر از آسمان.

Como pode viver
a velha tartaruga
trezentos anos
ignorando o céu.

نور مهتاب
ذوب می‌کند
یخ نازک رود کهن را.

A luz do luar
derrete
o fino gelo de um velho rio.

برگ چنار
فرو می‌افتاد آرام
و قرار می گیرد
بر سایه‌ای خویش
در نمیروز پاییزی.

A folha do álamo
cai sossegada
e repousa
sobre a sua sombra
em um meio-dia de outono.

زنی آبستنی
می گرید بی صدا
در بستر مردی خفت.

Uma grávida
chora em silêncio
um homem adormentado sobre a cama.

باد
در کهنه را
باز می‌کند
و می‌بندد
با صدا
ده بار.

Dez vezes
o vento
abre
e fecha
rangendo
uma velha porta

مردی خسته در راه
تنها
یک فرسنگ
تا مقصود.

Pelo caminho um homem cansado
sozinho
a uma légua
do seu intento.

یک گل کوچکِ بی نام
روییده به تنهایی
در شکاف کوهی عظیم.

Uma pequena flor anônima
brotoa sozinha
na fissura de uma montanha imponente.

در کوره راه کوهستانی
پیر مرد روستایی در راه
آوای جوانی از دور.

Pelas veredas de uma serra
segue um velho camponês
ao longe a voz de um jovem.

سگ سیاه
عو عو می کند
برای تازه واردی ناشناس
در شب بی ستاره.

Um cachorro preto
late
a um desconhecido recém-chegado
em uma noite sem estrelas.

باد بهاری
کلاه از سر مترسک می رباید
اولین روز سال نو...

A brisa primaveril
rouba o chapéu do espantalho
o primeiro dia do ano-novo...

فرو می‌افتاد کلید
بی صدا
از گردن زنی
بر اجاق آشپزخانه.

Uma chave cai
silenciosamente
do pescoço de uma lavradeira no arrozal
a chaleira ferve,
sobre o fogão na cozinha.

زنبورهای کارگر
کار را رها می‌کنند
برای گفت گویی لذت بخش
در اطراف زنبور ملکه.

As abelhas operárias
interrompem o trabalho
para um doce prosear
em torno da abelha-rainha.

مهتاب
تابیده از پشت شیشه
بر چهره‌ی مهتابی راهب جوان
در خواب.

O luar
reverbera atrás da vidraça
sob a face tênue de uma jovem monja
adormecida.

آفتاب پاییزی
بر چینه ی گلین:
مارمولکی هوشیار.

O sol de outono
sobre um muro de barro:
uma lagartixa sagaz.

مترسک
عرق می ریزد زیر کلاه پشمی
در نیمروزِ گرمِ تابستان.

Um espantalho
sua debaixo de um chapéu de lã
em um quente meio-dia de verão.

آفتاب پاییزی
از پشت شیشه می‌تابد
بر گلهای قالی:
زنبوری خود را به شیشه می‌کوبد.

O sol de outono
reverbera atrás da vidraça
sobre as flores do tapete:
uma abelha debate-se na vidraça.

باد
دو نیم می‌کند
تکه ابری کوچک را
برای غرب و شرق
در نیمروز خشکسالی.

O vento
parte em dois
um pequeno fragmento de nuvem
entre Oriente e Ocidente
ao meio-dia de um ano de seca.

بچه‌های روستایی
نشانه می‌روند بی مهابا
سر حلبین مترسک را .

Os meninos da roça
alvejam intrépidos
a cabeça de lata do espantalho.

گل ها ی آفتابگردان
سر افکنده نجوا می‌کنند
در پنجمین روز ابری.

Os girassóis
murmuram cabisbaixos
no quinto dia nublado.

عنکبوت
با رضایت به حاصل کار خویش می‌نگرد
بین توت و گیلاس.

A aranha
contempla orgulhosa o resultado do seu trabalho
entre o pé de amora e a cerejeira.

کلاغ سیاه
با حیرت به خود می‌نگرد
در دشت پوشیده از برف.

Uma gralha preta
mira-se maravilhada
em um campo coberto de neve.

راهبه
دست می‌کشد
بر پارچه‌ی ابریشم:
مناسب است برای روپوش؟

Uma monja
acaricia
um tecido de seda:
Será adequado a um hábito?

زمین لرزه
ویران کرد حتا
انبار غله ی مورچگان را.

O terremoto
destruiu até mesmo
o celeiro das formigas.

سگ ولگرد
دم می‌جنباند
برای عابر کور.

Um vira-lata
abana a cauda
a um caminhante cego.

در جمع سواران سیاه پوش
کودک
خیره به خرمالو می‌نگرد.

Em um grupo de pessoas vestidas de luto
um garoto
olha encantado um pé de caqui.

کودک دبستانی
راه می‌رود بر ریل کهنه
و تقلید می‌کند ناشیانه
صدای قطار را.

O colegial
caminha sobre um trilho velho
desajeitado imita
o apito do trem.

زیر کورسوی چراغ نقهبانی
کودک
نقاشی می‌کشد

پدر در خواب.

Sob a luz tímida do lampião
um garoto
desenha

o pai dorme.

تب دار کودک
نگاه می‌کند از پشت شیشه
با حسرت
بر آدمک برفی.

Um garoto com febre
olha da janela
impaciente
um boneco de neve.

در معبدی متعلق به
هزاران سیصد سال پیش
ساعت
هفت دقیقه به هفت.

Em um templo
de mil e trezentos anos
hora
sete para sete.

روستایی
به زمین خود باز می‌گردد
برای کشت بهاری
بدون نیم نگاهی به مترسک.

O camponês
torna à sua lavoura
para a semeadura primaveril
sem sequer olhar para o espantalho.

راهبه ها
به توافق نمی‌رسند
سر انجام
بر سر رنگ اطاق غذاخوری.

As monjas
no fim das contas
não chegam a um acordo
sobre a cor do refeitório.

خوب که فکر می‌کنم
نمی فهمم
دلیل این همه
نظم و شکوه را
در کار عنکبوت.

Ainda que eu me esforce
não compreendo
o porquê de tanto
zelo e pompa
no trabalho da aranha.

خط کشیده است جت
بر آسمان آبی
در اولین روز سال نو.

Um avião traça uma linha
em um céu azul
o primeiro dia do ano-novo.

زنبور عسل
مدهوش می‌شود
از عطرِ گلی ناشناخته.

A abelha
inebria-se
do perfume de uma flor desconhecida.

سایه‌ام
با من همراهی می‌کند
در شب مهتاب.

A minha sombra
acompanha-me
em uma noite de luar.

چراغ بر می‌افروزد
در شب طوفانی
اصرار عاشق
راه به جایی نمی‌برد.

Um lampião brilha
em uma noite tempestuosa
a insistência de quem ama
não leva a nada.

هیچ کس نمی‌داند
جویبار کوچک
که جاری می‌شود از دل چشمه‌ای خرد
قصد دریا دارد.

Ninguém faz caso:
o riacho
que brota do coração de uma pequena fonte
tenciona ao mar.

بلبل آواز خوان
رانده می‌شود
از فریاد مردی خواب آلود
در سپیده دم بهاری.

Um rouxinol cantador
foi afastado
pelo grito de um homem adormecido
em um alvorecer de primavera.

اسب سم می کوبد
بر گلی ناشناس
در جمع هزاران گل و گیاه.

As patas do cavalo pisoteiam
uma flor desconhecida
entre milhares de flores e plantas.

گاو شیرده ماغ می‌کشد
و می‌پراند خواب را
از چشمان مرد خسته
در بعد از ظهر تابستان.

A vaca muge
e afasta o sono
dos olhos de um homem cansado
em uma tarde de verão.

باد زوزه می کشد
در کوچه‌های بی تردد
نه عابری
نه سگی حتا.

O vento sibila
nas travessas desertas
nenhum pedestre
nem sequer um cachorro.

ابر تیره
به استقبال قرص ماه می‌رود
در شب مهتابی.

Uma nuvem escura
vai ao encontro do disco da lua
em uma noite de luar.

شش سندلی بامبو
با هم مرور می‌کنند
خاطره‌ی آخرین تندباد پاییزی را
در دشت خیزران.

Seis cadeiras de bambu
recordam juntas
a lembrança da última ventania do outono
no canavial.

کودک
درون گهواره
ابعاد تخت خود را نمی‌شناسد
در اطاق سه در چهار.

A criança
no berço
ignora quão grande é o berço
em um quarto de três por quatro.

نه خاور
نه باختر
نه شمال
نه جنوب
همین جا که ما ایستاده ام.

Nem oriente
nem ocidente
nem norte
nem sul
Aqui mesmo onde me encontro.

سال‌هاست
مثل پار کاه
در میان فصل
سر گردانم.

Há anos
como uma palha
entre as estações
vagueio.

ببخشید و فراموش کنید
گناهانم را
اما نه آن گونه
که به کلی فراموش‌شان کنم.

Perdoai e esquecei
as minhas culpas
mas não em modo
que eu as esqueça completamente.

# Das Andere

1. Kurt Wolff
   *Memórias de um editor*

2. Tomas Tranströmer
   *Mares do Leste*

3. Alberto Manguel
   *Com Borges*

4. Jerzy Ficowski
   *A leitura das cinzas*

5. Paul Valéry
   *Lições de poética*

6. Joseph Czapski
   *Proust contra a degradação*

7. Joseph Brodsky
   *A musa em exílio*

8. Abbas Kiarostami
   *Nuvens de algodão*

9. Zbigniew Herbert
   *Um bárbaro no jardim*

10. Wisława Szymborska
    *Riminhas para crianças grandes*

11. Teresa Cremisi
    *A Triunfante*

12. Ocean Vuong
    *Céu noturno crivado de balas*

13. Multatuli
    *Max Havelaar*

14. Etty Hillesum
    *Uma vida interrompida*

15. W. L. Tochman
    *Hoje vamos desenhar a morte*

16. Morten R. Strøksnes
    *O Livro do Mar*

17. Joseph Brodsky
    *Poemas de Natal*

18. Anna Bikont e
    Joanna Szczęsna
    *Quinquilharias e recordações*

19. Roberto Calasso
    *A marca do editor*

20. Didier Eribon
    *Retorno a Reims*

21. Goliarda Sapienza
    *Ancestral*

22. Rossana Campo
    *Onde você vai encontrar um outro pai como o meu*

23. Ilaria Gaspari
    *Lições de felicidade*

24. Elisa Shua Dusapin
    *Inverno em Sokcho*

25. Erika Fatland
    *Sovietistão*

26. Danilo Kiš
    *Homo Poeticus*

27. Yasmina Reza
    *O deus da carnificina*

28  Davide Enia
    *Notas para um naufrágio*

29  David Foster Wallace
    *Um antídoto contra a solidão*

30  Ginevra Lamberti
    *Por que começo do fim*

31  Géraldine Schwarz
    *Os amnésicos*

32  Massimo Recalcati
    *O complexo de Telêmaco*

33  Wisława Szymborska
    *Correio literário*

34  Francesca Mannocchi
    *Cada um carregue sua culpa*

35  Emanuele Trevi
    *Duas vidas*

36  Kim Thúy
    *Ru*

37  Max Lobe
    *A Trindade Bantu*

38  W. H. Auden
    *Aulas sobre Shakespeare*

39  Aixa de la Cruz
    *Mudar de ideia*

40  Natalia Ginzburg
    *Não me pergunte jamais*

41  Jonas Hassen Khemiri
    *A cláusula do pai*

42  Edna St. Vincent Millay
    *Poemas, solilóquios e sonetos*

43  Czesław Miłosz
    *Mente cativa*

44  Alice Albinia
    *Impérios do Indo*

45  Simona Vinci
    *O medo do medo*

46  Krystyna Dąbrowska
    *Agência de viagens*

47  Hisham Matar
    *O retorno*

48  Yasmina Reza
    *Felizes os felizes*

49  Valentina Maini
    *O emaranhado*

50  Teresa Ciabatti
    *A mais amada*

Dados Internacionais de Catalogação na Publicação (CIP)
(Câmara Brasileira do Livro, SP, Brasil)
Kiarostami, Abbas, 1940-2016
Nuvens de algodão / Abbas Kiarostami ; tradução
Pedro Fonseca. -- 2. ed. -- Belo Horizonte, MG :
Editora Âyiné, 2022.
ISBN 978-65-5998-009-3
1. Haicais 2. Poesia iraniana I. Título.
23-186416 CDD-891.551
Índices para catálogo sistemático:
1. Poesia : Literatura iraniana 891.551
Eliane de Freitas Leite - Bibliotecária - CRB 8/8415

Composto em Bembo e Akzidenz Grotesk
Belo Horizonte, 2023